NOUVELLE ÉTUDE

DU

GENRE

DE TOUS LES NOMS FRANÇAIS

AU NOMBRE ENVIRON DE 17,000

EN 32 EXERCICES

COMPRENANT EN OUTRE

UN GRAND NOMBRE DE RÈGLES NOUVELLES

sur les difficultés du langage usuel

ouvrage destiné plus particulièrement aux Étrangers

PAR P. VILLETTE

CHEF D'INSTITUTION

PRIX : 1 FR.

BAYONNE

[IMPR]IMERIE ET LIBRAIRIE E. LASSERRE, RUE ORBE, 20

1869

NOUVELLE ÉTUDE

DU

GENRE

NOUVELLE ÉTUDE

DU

GENRE

DE TOUS LES NOMS FRANÇAIS

AU NOMBRE ENVIRON DE 17,000

EN 32 EXERCICES

COMPRENANT EN OUTRE

UN GRAND NOMBRE DE RÈGLES NOUVELLES

sur les difficultés du langage usuel

ouvrage destiné plus particulièrement aux Étrangers

PAR P. VILLETTE

CHEF D'INSTITUTION

BAYONNE

IMPRIMERIE ET LIBRAIRIE E. LASSERRE, RUE ORBE, 20

—

1869

PRÉFACE

L'idée de cet opuscule est due particulièrement aux Étrangers, qui en face de difficultés insurmontables dès qu'ils commencent l'étude de notre langue, m'ont témoigné le désir d'avoir en main un ouvrage qui aplanisse ces difficultés.

Il existe quelques méthodes destinées à faciliter l'étude du Genre; mais la meilleure même m'a paru insuffisante, car elle réclame des efforts de mémoire presque impossibles.

Il m'a donc fallu, pour répondre au besoin réel des Étrangers, adopter un plan nouveau. Ce plan est le résultat de tâtonnements répétés, d'études nombreuses sur le mécanisme et le génie de la langue française.

S'il est vrai qu'il incombe au dernier venu l'obligation d'avoir mieux fait, j'ose espérer que l'on me rendra cette justice que j'ai tenu mon obligation.

P. V.

INTRODUCTION

Le genre des noms d'êtres inanimés, dans la langue française, offre de sérieuses difficultés aux Etrangers qui entreprennent l'étude, par ailleurs difficile, de notre langue.

J'ai essayé dans cet opuscule de rendre cette étude le plus facile possible.

A cet effet, j'ai divisé l'ouvrage en 32 exercices, comprenant chacun une lettre ou partie de lettre de l'alphabet. Il sera facultatif ainsi de jalonner son travail et de le rendre vraiment fructueux.

On verra dans chacune de ces leçons :

1° Le nombre de noms masculins et féminins commençant par la lettre étudiée et rangés sous une règle générale;

2° Les exceptions par les désinences à chacun des deux genres.

Jusque-là la simplification de cette méthode est incontestable.

Pour la simplifier encore davantage, j'ai élagué

1° Tous les noms, sous quelque forme qu'ils se présentent, éveillant dans l'esprit l'idée d'homme ou de femme, attendu que les premiers sont invariablement masculins, excepté *sentinelle*, *recrue*, *estafette* et *vedette* (1), et que les seconds

(1) Remarquez la forme essentiellement féminine de ces quatre mots.

sont toujours féminins ; ce qui a réduit notre nomenclature de 4 à 5,000 noms ;

2° Les infinitifs, les prépositions et les adverbes pris substantivement, car ils sont toujours masculins ;

3° Les adjectifs et les participes employés substantivement, parce qu'ils conservent toujours leur genre (voir les règles ci-après).

Ainsi au lieu de 16 à 17,000 noms qui figurent dans les diverses méthodes essayées jusqu'ici, la mienne n'en compte pas 10,000.

Voici d'après quel système nous procèderons; c'est celui qui après longue étude du mécanisme matériel de notre langue m'a paru le moins arbitraire.

Après de nombreux tâtonnements je suis demeuré convaincu qu'il fallait s'en tenir à une classification simple de noms masculins et de noms féminins.

Pour arriver à ce résultat il ne fallait qu'une chose : saisir le caractère vrai des innombrables terminaisons, les grouper en les unifiant pour ainsi dire, et en venir à les réduire au point que les unes indiquassent clairement le genre masculin, les autres le genre féminin.

Ce travail d'inquisition amène à observer que ces caractéristiques existent réellement, et, de plus, qu'elles sont constantes avec une seule exception pour 31 mots.

Ainsi les désinences à caractère masculin sont :

1° La consonne finale ;

2° La voyelle finale simple ou composée (1);

3° La finale *on* (2);

4° La finale *age ;*

5° La finale *isme.*

(1) Hormis la finale *té.*

(2) Remarquez que la finale *on* est encore une voyelle dite *nasale.*

Les désinences à caractère féminin sont :

1° La finale muette ;

2° La finale *té ;*

3° La finale *ion* précédée de *s*, *t* ou *x* (tous noms latins et anglais);

4° La finale *aison*.

Il faut se bien familiariser avec la nature de ces désinences avant d'entreprendre l'étude des leçons suivantes.

Le total des noms de ce vocabulaire est d'à-peu-près 10,000.

Le nombre des noms dont la finale ne s'applique pas à l'une des deux règles établies ou qui forment par groupe une règle supplémentaire est de 1,200 environ.

De ce nombre nous élaguons :

1° Les noms composés, rangés sous une règle particulière et absolument nouvelle ;

2° Les noms en *eur*, qui sont dans la même condition que les précédents ;

3° Les noms homonymes, dont le tableau est donné à part ;

4° Un grand nombre de noms peu ou point usités, ou au moins n'appartenant pas au langage usuel, renvoyés à la fin du volume en supplément.

Ce supplément étant le domaine exclusif de la langue poétique, scientifique, artistique, ou judiciaire, je conseille de le considérer comme non existant jusqu'à ce que l'on possède entièrement les 24 premiers tableaux.

En ne comptant pas ces quatre catégories de noms, qui, comme on le voit, ne font plus réellement exception, nous réduisons à 500 environ le nombre des noms exceptés.

De cette sorte, deux mois au plus peuvent suffire à une mémoire ordinaire pour posséder la connaissance de ces noms.

Par cette méthode, qui a son utilité pour les Français eux-mêmes, les Etrangers, je l'espère, ne seront plus rebutés de l'étude du genre.

Ainsi, l'élève vraiment désireux d'aplanir cette difficulté, peut, en bornant son travail de chaque jour à l'étude d'une lettre de l'alphabet, s'approprier cette science en très-peu de temps.

REMARQUES PRÉLIMINAIRES

(Se rappeler que le signe * affectant un mot annonce que ce mot est très peu usité.)

§ I

Tous les adjectifs pris substantivement formant une catégorie nombreuse, il m'a paru plus rationnel de les éliminer de la nomenclature générale et de les classer sous une règle spéciale.

1° Tout adjectif masculin employé comme substantif, c'est-à-dire avec l'article ou un déterminatif, demeure masculin. Ainsi l'on dit : *le beau*, *le juste*, *le velouté*, *le vingt* du mois de janvier, *le tout* ou partie, *le brillant*, *le froid*, *le chaud*, etc.

2° Si l'adjectif prend la forme féminine il demeure également féminin. Ainsi : boire à *la ronde*, voyager à *la brune*, battre *la générale*, profiter d'*une éclaircie*, *la Constituante*, *la droite* de Dieu.

3° Si l'adjectif a une terminaison commune aux deux genres, il est à remarquer que ceux terminés par la muette *que* sont féminins, excepté *cosmétique*, et que les autres sont masculins, excepté *circulaire* (lettre). Exemples : *la logique*, *l'arithmétique*, *la botanique*, *les mathématiques*, *la chronique*, *la physique*, etc. ; *l'absurde*, *l'acide*, *le confortable*, *le combustible*, *le difficile*, *l'incroyable*, *le plus grave* de l'affaire, etc.

§ II

1° Les substantifs, très-nombreux, formés du participe féminin sont invariablement féminins. Exemples : *la levée* des troupes; *la durée* du phénomène; *la mise* en scène; *la mue* du serpent, du cerf; *la trouée* d'une haie, d'un mur; *la criée* pour une enchère, *la remise* d'une dette; etc.

Observez que si *remise* est masculin dans la sens de *carrosse de louage*, c'est qu'il n'est point alors le participe du verbe *remettre*, mais qu'il rappelle l'idée de *remiser*.

2° Les mots invariables, infinitifs, prépositions, adverbes, employés substantivement, sont toujours masculins. Exemples : *le lever* du soleil, *le boire* et *le manger*, *le pouvoir*, *l'avoir*, etc.; *le devant* de la tête, gagner *les devants*, *le pour* et *le contre*, *l'envers*, etc.; *le derrière* d'un animal, *le dessus*, *le dessous* de la table, un *vis-à-vis*, etc.

§ III

Tous les noms d'arbres, contrairement à la règle latine, sont masculins en français.

§ IV

Tous les noms de métaux sont également masculins en français.

§ V

Les noms en *aine*, pour la plupart dérivés d'adjectifs numéraux, sont féminins, excepté *le Maine*, *domaine*.

§ VI

Un grand nombre de substantifs en *eau* ont un diminutif qu'ils forment en changeant *eau* en *elet*. Exemples : *agneau*, agnelet; *bateau*, batelet; *château*, châtelet; *manteau*, mantelet, etc. D'autres, à terminaison variée, ont un diminutif en *ule :* animal, *animalcule ;* dent, *denticule ;* faisceau, *fascicule ;* globe, *globule ;* mode, *module ;* mont, *monticule ;* ... *opuscule ;* pied, *pédicule ;* ... *pécule ;* ... *pedoncule ;* ... *perpendicule ;* etc. Ils ont ordinairement la forme latine.

Un très-grand nombre de noms féminins forment leur diminutif en *ette :* maison, *maisonnette ;* chambre, *chambrette ;* cloche, *clochette ;* muse, *musette ;* Lise, *Lisette ;* fleur, *fleurette ;* table, *tablette ;* toile, *toilette ;* planche, *planchette ;* épaule, *épaulette* ; etc.

§ VII

Les noms terminés par une syllabe muette qui désignent *réunion*, *corporation* sont masculins. En voici la liste :

Auditoire, *cénacle*, *comice*, *clergé*, *club*, *collége*, *comité*, *concile*, *conclave*, *conciliabule*, *congrès*, *consistoire*, *conventicule*, *cortége*, *diocèse*, *directoire*, *domestique*, *hospice*, *lycée*, *monastère*, *orchestre*, *réfectoire*, *refuge*, *repaire*, *synode*.

Remarque. Le mot *assemblée* ne figure pas dans cette liste parce qu'il se rapporte à la régle II.

§ VIII

Les noms en *eur* féminins forment leurs adjectifs presque tous régulièrement ; les noms masculins ont des adjectifs plus longs qu'eux-mêmes, tandis que c'est le contraire pour les féminins.

§ IX

A la classe des noms en *ion* il faut ajouter les quelques noms suivants, qui sont également féminins sans que la terminaison *ion* soit précédée de *s*, *t* ou *x* :

Contagion, *légion*, *rébellion*, *région*, *religion*, *irréligion*, *succion*, *suspicion*, *union*, *désunion*, *réunion*.

Ces noms sont, comme tous les noms en *ion*, dérivés du

latin. Si, à part ceux-là, un nom de cette classe n'a pas la terminaison entière *sion*, *tion*, ou *xion*, il est masculin.

§ X

Pour la terminaison *té*, essentiellement féminine, car elle répond à la finale *tas* des Latins, il y a quelques masculins, ce sont : *comté*, *côté*, *doigté*, *été*.

§ XI

La terminaison *on*, masculine par nature, garde son caractère en dehors des deux cas qui déterminent le féminin, c'est-à-dire *sion*, *tion*, *xion* et *aison*. Sur 357 substantifs en *on*, rangés sous une même règle, il y a 340 noms masculins et 17 noms féminins. Il sera facile de retenir les féminins si l'on remarque qu'ils ont la sifflante *s* ou *ç* devant la terminaison, excepté *guenon*. Ce sont :

Boisson, *cloison*, *foison* (1), guenon, *leçon*, *mousson*, *puisson*, (2) *rançon*, *chanson*, *façon*, *garnison*, *guérison*, *malfaçon* (3), *moisson*, *prison*, *trahison*, *toison*.

§ XII

La terminaison *age* compte 300 mots masculins et 6 féminins, savoir : *ambages*, *cage*, *image*, *nage* (4), *plage*, *rage*.

§ XIII

Nous avons compris dans nos deux règles les noms de pays susceptibles de recevoir un genre. Ainsi on n'aura qu'à se conformer absolument aux deux règles générales pour les noms de contrée, de royaume, de province, de fleuve, de montagne.

(1, 2, 3) Ces trois féminins sont inusités. Le premier ne s'emploie que comme adverbe avec la préposition à : *à foison*, abondamment

(4) Ce mot ne s'emploie non plus que comme adverbe : *à la nage*.

§ XIV

Le genre des noms de villes ne peut être déterminé par une règle fixe ; on peut cependant établir :

1° Que l'article n'est point d'usage devant le nom de ville, à moins que l'on n'intercale un adjectif ;

2° Que le nom de ville est généralement masculin, et que par conséquent l'adjectif qui précède ou qui suit ce nom demeure masculin.

Nous excepterons les noms de villes *Rome*, *Albe*, *Ancône*, *Antioche*, *Sparte*, *Lacédémone*, *Athènes*, *Alexandrie*, noms historiques également féminins en latin.

En outre les noms de villes anciennes terminés par *ée*, *ie* sont aussi féminins.

Les noms de villes modernes sont en général masculins.

ÉTUDE DU GENRE.

TERMINAISONS CARACTÉRISTIQUES.

Pour le Masculin

1° Consonne finale;
2° Voyelle finale (1) simple ou composée;
3° La finale *on* (2);
4° La finale *age;*
5° La finale *isme.*

Pour le Féminin

1° Finale muette ;
2° La finale *té ;*
3° La finale *ion*, précédée de *s*, *t*, ou *x* (tous noms latins et anglais);
4° La finale *aison.*

1er ET 2e EXERCICE.

A

825 Noms. — (1 Exception par 20 mots.)

Cette lettre comprend 41 exceptions masculines, c'est-à-dire 41 noms à terminaison féminine, et qui cependant sont masculins. En voici la liste :

abime (3)	amble	âne	antimoine
acrostiche	amiante	ange, archange	antipode
acte	ambre	angle, triangle	antre
albâtre	anathème	antidote	aoriste

(1) Hormis la syllabe *té.*

(2) Remarquez que la finale *on* est aussi une voyelle dite *nasale.* Il y a 5 voyelles nasales : *an*, *en*, *in*, *on*, *un*. Elles ont toutes le caractère masculin.

(3) Il est utile de placer la particule *un* (prononcez toujours *eun*) devant chacun des noms masculins en exception.

aphthe	arc et ses com-	asile	auspice
Apocalypse	posés	asphalte	autographe
apologue	armistice	astérisque	automate
appendice	article	asthme	axe
arbitre	artifice	astre, désastre	axiome
arbre	aruspice	atôme	
arbuste	ascarides	augure	

Cette lettre ne comprend aucune exception féminine, c'est-à-dire aucun nom à terminaison masculine qui soit féminin.

Noms masculins en *aire*, *oire*, *ère :* annuaire, auditoire, adultère.

3e Exercice.

B

670 Noms. — (1 Exception par 36 mots.)

Cette lettre comprend 17 exceptions masculines, ce sont :

bagne	beurre	blasphème	buffle
balustre	bipède, qua-	Borysthène	buste
baptême	drupède	bouge	Bosphore
baume	bitume	branle	
bénéfice	blâme	bronze	

Cette lettre comprend 2 exceptions feminines :

brebis bru

Noms masculins en *aire*, *ère :* bréviaire, baptistère.

4e, 5e, 6e Exercice (1).

C

1362 Noms. — (1 Exception par 16 mots.)

Cette lettre comprend 68 exceptions masculines ; ce sont :

câble	cadavre	Caire	calice
cadastre	cadre	calibre	calme

(1) L'étude de cette lettre peut se partager en 3 exercices.

calque
campêche
camphre
cancre
candélabre
caprice
carême
carrosse
casque
catafalque
catalogue
cataplasme
catarrhe
Caucase
cèdre
centre

centuple
cercle
chambranle
chancre
change, re-change
chanvre
chapitre
charme
chaume
chêne
chiffre
cidre
cierge
cilice
cintre

cirque
citre
cloaque
cloître
code
coffre
colloque
colosse
comble
commerce
compte (dé-compte, es-compte, mé-compte)
concombre
cône

conte
contraste
cosmétique
costume
coude
couvercle
crâne
crêpe
crépuscule
crible
crime
crocodile
cube
cuivre
culte
cygne

Cette lettre comprend 5 exceptions féminines :

chair chaux cour croix cuiller

Noms masculins en *aire*, *oire*, *ère :* calvaire, commentaire, corollaire, ciboire, caractère, cautère, cimetière, cratère.

7e Exercice.

D

576 Noms. — (1 Exception par 23 mots.)

Cette règle comprend 21 exceptions masculines ; ce sont :

Danube
décalogue
décombres, encombre
dédale
déluge

délire
diable
diadème
dialecte
dialogue
diplôme

disque
dividende
divorce
dièze
dogme
dogue

domaine
dôme
domicile
doute
drame
drachme

Cette lettre compte 2 exceptions féminines .

dent dot

Noms masculins en *aire, oire :* dromadaire, déboire.

8° Exercice.

E

466 Noms. — (1 Exception par 22 mots.)

Cette lettre comprend 19 exceptions masculines ; ce sont :

échange	empire	équilibre	Évangile
édifice	emplâtre	équinoxe	exemple
éloge	enthousiasme	érésypèle	exercice
emblème	épiderme	esclandre	exorde
émétique	épisode	Euphrate	

Cette lettre comprend une seule exception féminine :

eau.

Noms masculins en *aire, oire, ère* (cette lettre n'en comprend pas.)

9e Exercice.

F

472 Noms. — (1 Exception par 33 mots.)

Cette lettre comprend 11 exceptions masculines ; ce sont :

faite	feutre	flegme	frontispice
fantôme	fiacre	fleuve	furoncle
fébrifuge	fifre	foie	

Cette lettre a 6 exceptions féminines :

faim faux fin foi fois fourmi

Noms masculins en *aire, ère :* formulaire, Finistère.

10e Exercice.

G

418 Noms. — (1 Exception par 18 mots.)

Cette lettre comprend 21 exceptions masculines ; ce sont :

Gange	geste	globule	gramme (1)
gave	girofle	goître	groupe
génie	gîte	golfe	gymnase
genièvre	givre	gouffre	
genre	glaive	grabuge	
germe	globe	grade	

Cette lettre a la seule exception féminine *glu*.

Noms masculins en *oire* : grimoire.

11e Exercice.

H

234 Noms. — (1 Exception par 21 mots.)

Cette lettre comprend 8 exceptions masculines ; ce sont :

héliotrope	hippodrome	horoscope
hémicycle	hippopotame	hydrogène
hiéroglyphe	holocauste	

Cette lettre ne comprend aucune exception féminine.

Nom masculin en *ère* : hémisphère.

12e Exercice.

I

363 Noms. — (1 Exception par 23 mots.)

Cette lettre comprend 12 exceptions masculines ; ce sont :

idiôme	inceste	insecte	interstice
impasse	indice	intermède	intervalle
incendie	infanticide	interrègne	isthme

(1) Tous les composés de *gramme* sont masculins.

Cette lettre est sans exception féminine.

Noms masculins en *aire*, *oire :* inventaire, itinéraire, interrogatoire, ivoire.

13e Exercice.

J

101 Noms. — (1 Exception par 33 mots.)

Cette lettre ne comprend que 2 exceptions masculines ; ce sont :

jaspe	jeûne

Cette lettre a une seule exception féminine :

jument

Noms masculins en *aire*, *oire*, *ère* (la lettre J n'en comprend pas).

14e Exercice.

K

3 Noms.

Cette lettre ne comprend aucune exception.

15e Exercice.

L

335 Noms. — (1 Exception par 22 mots.)

Cette lettre comprend 13 exceptions masculines ; ce sont :

libelle	limbes	logarithme	luxe
liége	linge	Louvre	
lierre	litige	lucre	
lièvre	litre	lustre	

Cette lettre comprend une seule exception féminine :

loi

Noms masculins en *aire*, *oire :* luminaire, laboratoire.

16e et 17e Exercice.

M

570 Noms. — (1 Exception par 14 mots.)

Cette lettre comprend 35 exceptions masculines ; ce sont :

malaise	membre	meurtre	monopole
manége	mensonge	Mexique	monstre
mânes	mercure	miasme	monticule
manque	mérite, démé-	microscope	murmure
marbre	rite	millésime	muge
martyre	merle	miracle	muscle
martyrologe	météore	modèle	myrthe
masque	mètre (1)	module	
massacre	meuble, im-	monde	
mélange	meuble	monologue	

Cette lettre comprend 4 exceptions féminines :

main	mer	mœurs	mort

Noms masculins en *ère :* ministère, mystère.

18e Exercice.

N

142 Noms. — (1 Exception par 13 mots.)

Cette lettre comprend 8 exceptions masculines ; ce sont :

narcisse	nécrologe	Neptune	nitre
navire	négoce	nimbe	nombre

Cette lettre comprend 3 exceptions féminines :

nef	noix	nuit

Noms masculins en *aire*, *oire*, *ère* (cette lettre n'en a point).

(1) Tous les composés de *mètre* sont masculins

19e EXERCICE.

O

208 Noms. — (1 exception par 12 mots.)

Cette lettre comprend 15 exceptions masculines ; ce sont :

obélisque	ongle	oracle	orgue
obstacle	opposite (1)	orbe	orifice
office	opprobre	ordre	
Olympe	opuscule	organe	

Cette lettre ne compte point d'exception féminine.

Noms masculins en *oire :* observatoire, oratoire.

20e, 21e et 22e EXERCICE.

P

959 Noms. — (1 Exception par 16 mots.)

Cette lettre comprend 49 exceptions masculines ; ce sont :

pacte	patrimoine	poème	principe
pampre	peigne	poivre	prisme
panache	péristyle	pôle	privilége
paradoxe	pétrole	polype	problème
parafe	peuple	porche	prodige
paragraphe	phare	pore	projectile
parallélipipède	phénomène	porphyre	prologue
parapluie	phosphore	préambule	prône
parjure	piége	précepte	protocole
Parnasse	pinacle	précipice	psaume
parricide	plâtre	préjudice	pupitre
participe	plébiscite	prélude	
pastiche	pléonasme	prestige	

Cette lettre compte 4 exceptions féminines :

paix	paroi	part	peau

(1) Ce mot ne s'emploie que sous la forme adverbiale *à l'opposite.*

Noms masculins en *oire*, *ère :* prétoire, promontoire, purgatoire, purificatoire, presbytère.

23e Exercice.

Q

31 Noms. — (1 Exception par 8 mots.)

Cette lettre comprend 3 exceptions féminines ; ce sont :

quadrige, quaterne, quinconce

Cette lettre ne compte pas d'exception féminine.

Noms masculins en *aire*, *oire*, *ère :* (La lettre Q n'en contient pas.)

24e Exercice.

R

576 Noms. — (1 Exception par 27 mots.)

Cette lettre comprend 16 exceptions masculines ; ce sont :

râle	registre	reptile	rhume
réceptacle	règne	reste	risque
régicide	remède	rêve	rôle
régime	renne	Rhône	royaume

Cette lettre n'a point d'exception féminine.

Noms masculins en *aire*, *oire*, *ère :* reliquaire, rosaire, réquisitoire, réverbère.

25e et 26e Exercice.

S (1)

638 Noms. — (1 Exception par 12 mots.)

Cette lettre comprend 42 exceptions masculines ; ce sont :

sable	sacerdoce	sacrifice	salpêtre
sabre	sacre	sacrilége	sarcasme

(1) Les quatre composés de *syllabe*, dissyllabe, trisyllabe, monosyllabe et polysyllabe, sont masculins.

saule	service	souffle	subterfuge
scandale	sexe	soufre	subside
sceptre	siége	spectacle	sucre
schiste	signe	spectre	supplice
scrupule	silence	squelette	symbole
seigle	simulacre	stigmate	symptôme
semestre	singe	store	système
sépulcre	songe	stratagème	
séquestre	sortilége	style	

Cette lettre a pour exception féminine : soif.

Noms masculins en *aire, oire :* salaire, sanctuaire, scapulaire, séminaire, sermonnaire, sommaire, syllabaire, suspensoire.

27e et 28e Exercice.

T

518 Noms. — (1 Exception par 17 mots.)

Cette lettre comprend 27 exceptions masculines ; ce sont :

tabernacle	texte	tintamarre	tropique
télégraphe	théâtre, amphithéâtre	titre	tube
télescope		tome	tubercule
terme	thème	tonnerre	tumulte
terne	Tibre	trimestre	type
tertre	tigre	triomphe	trèfle
testicule	timbre	trône	

Cette lettre a pour seule exception féminine : Toussaint (la).

Noms masculins en *oire :* territoire.

29e Exercice.

U

33 Noms. — (1 Exception par 8 mots.)

Cette lettre comprend 2 exceptions masculines ; ce sont :

urètre ustensiles

Cette lettre n'a point d'exception féminine.

Noms masculins en *ère* : ulcère, uretère.

30e Exercice.

V

302 Noms. — (1 Exception par 11 mots.)

Cette lettre comprend 19 exceptions masculines ; ce sont :

vacarme	verbe, adver-	vestibule	vinaigre
vampire	be, proverbe	vestige	violoncelle
vaudeville	vermicelle	Vésuve	volatile (adj.)
véhicule	vertige	viatique	volume
ventre	verve	vignoble	vote

Cette lettre comprend 3 exceptions féminines :

vertu vis voix

Noms masculins en *aire*, *oire*, *ère* : vestiaire, vocabulaire, vésicatoire, viscère.

31e Exercice.

Y

4 Noms.

Cette lettre comprend une exception masculine ; c'est :

yèble.

Point d'autre exception.

32e Exercice.

Z

18 Noms. — (1 Exception par 6 mots.)

Cette lettre comprend 3 exceptions masculines ; ce sont :

zèle zodiaque Zuiderzée

Point d'autre exception.

Voilà le tableau complet et détaillé de toutes les difficultés du Genre. Nous avons en tout 9,824 noms dont il faut déduire 539 noms en exception. Ce dernier nombre, quelque élevé qu'il paraisse, est réellement bien réduit si on le compare au nombre total des noms auquel on ajouterait ceux que nous avons éliminés en vertu des règles précitées. Ce nombre étant de 16,000 à 17,000, nous n'avons comme exception que la trente-unième partie des noms, c'est-à-dire 1 nom sur 31.

RÈGLES COMPLÉTIVES DU GENRE

PREMIÈRE RÈGLE

SUR LES NOMS COMPOSÉS

Le genre des noms composés présente des difficultés aux Français eux-mêmes. Il n'est donc pas surprenant que les Étrangers pèchent fréquemment dans l'emploi de cette espèce de mots.

L'analyse de ces noms indique un moyen facile d'en fixer le genre.

J'en donne ici le tableau complet en les classant sous cinq règles très-simples.

Remarquons en effet que les noms composés, au nombre de 225, peuvent être formés :

1° D'un adjectif et d'un nom,

2° D'un mot invariable et d'un nom,

3° De deux noms,

4° D'un verbe et d'un nom,

5° D'un verbe et d'un mot invariable.

Dans les deux premiers cas les noms composés conservent le genre du nom qui entre en composition ;

Dans les trois derniers cas ils sont masculins.

Nous pourrions donc les considérer comme donnant lieu à deux règles seulement. Toutefois, à cause de quelques exceptions, d'ailleurs rares, je poserai une règle particulière pour chacun des cinq cas.

I — 56 Noms.

Les noms composés formés d'un adjectif et d'un nom prennent le genre du nom.

Masculins.

Un arc-boutant
» blanc-bec.
» * blanc-manger (1)
» bas-relief
» bouts-rimés
» clair-obscur (2)
» court-bouillon
» faux-bond
» faux-bourdon
» faux-brillant (2)
» faux-fuyant (2)
» faux-jour
» faux-semblant (2)
» gras-double (2)
» gros-bec

Un guet-apens
» haut-mal
» loup-garou
» mille-pertuis
» mille-pieds
» pied-droit
» petit-gris (2)
» pied-fort
» pied-plat
» plat-bord
» revenant-bon (2)
» sauf-conduit (2)
» semi-ton
» sénatus-consulte
» vif-argent

Excepté un rouge-gorge.

Féminins.

Une basse-cour
» basse-fosse
» chausse-trappe
» chauve-souris
» claire-voie
» courte-haleine
» extrême-onction
» fausse-alarme
» fausse-braie

Une fausse-porte
» haute-lice
» haute-lutte
» main-levée
» main-mise
» main-morte
» main-tierce
» mille-feuilles
» morte-saison

(1) Voir Remarque 2e, page 9.

(2) Voir Remarque 1e, page 8.

Une pie-grièche
» plate-bande
» plate-forme
Une taille-douce
» trachée-artère
» tragi-comédie
Excepté la Franche-Comté.

II. — 71 Noms.

Les noms composés formés d'un mot invariable et d'un nom conservent le genre du nom.

Masculins.

Un arrière-ban
» avant-bec
» avant-bras
» avant-corps
» avant-coureur
» avant-goût
» avant-mur
» avant-propos
» avant-quart
» avant-toit
» avant-train
» contre-cœur (1)
» contre-coup
» contre-échange
» contre-espalier
» contre-fort
» contre-jour
» contre-mandement
» contre-mur
Un contre-ordre
» contre-pied
» contre-poids
» contre-poil
» contre-point
» contre-poison
» contre-scel
» contre-seing
» contre-sens
» contre-temps
» contrôle (contre-rôle)
» entre-colonnement
» entre-deux (objets)
» entre-lacs
» entre-temps
» ex-voto
» * mal-être
» entr'acte
» sous-entendu

Excepté : un parterre, un interligne, un avant-main.

(1) Ce mot est toujours employé adverbialement et sans article : *à contre-cœur*, malgré soi.

Féminins.

Une avant-cour
» avant-courrière
» avant-garde
» avant-scène
» avant-veille
» contre-allée
» contre-bande
» contre-batterie
» contre-danse
» contre-épreuve
» contre-escarpe
» contre-façon
» contre-faction
» contre-fiches
» contre-lettre
Une contre-marche
» contre-marque
» contre-mine
» contre-révolution
» contre-ruse
» contrevallation
» contre-vérité
» entre-côte
» entrefaites (choses)
» entre-ligne
» entremise
» entreprise (chose)
» entrevue
» entre-taillure
» sous-entente.

III. — 37 Noms.

Les noms composés de deux substantifs joints par un trait-d'union ou bien par une préposition sont masculins sans exception.

Un arc-en-ciel
» acquit-à-caution
» bain-marie
» bec-figue
» * blanc-de-baleine
» blanc-d'Espagne
» * blanc-en-bourre
» brèche-dents
» chef-d'œuvre
» chef-lieu
» chèvre-feuille
» *cimeterre*
Un colin-maillard
» coq-à-l'âne
» cul-de-basse-fosse
» cul-de-jatte
» cul-de-lampe
» cul-de-sac
» haut-de-chausse
» hors-d'œuvre
» oiseau-mouche
» pas-d'âne
» pied-à-terre
» pied-d'alouette

Un pied-de-biche
» pied-de-bœuf
» pied-de-chat
» pied-de-chèvre
» * pied-de-griffon
» pied-de-lièvre
» pied-de-mouche
Un pied-de-pigeon
» pied-de-roi
» pied-de-veau
» terre-plein (lieu)
» tête-à-tête
» tette-chèvre

IV. — 58 Noms.

Les noms composés formés d'un verbe et d'un substantif, quel que soit le genre du substantif, sont masculins.

Un abat-jour
» abat-vent
» arrête-bœuf
» boute-feu
» boute-selle
» brise-vent
» casse-noix
» chasse-marée
» cligne-musette
» coupe-gorge
» coupe-jarret
» couvre-chef
» couvre-feu
» couvre-pied
» crève-cœur
» cure-dents
» cure-oreille
» essuie-mains
» garde-côte
» garde-feu
» garde-fou
» garde-magasin
Un garde-manger
» garde-marine
» garde-meubles
» garde-note
» gobe-mouche
» grippe-sou
» hausse-col
» marche-pied
» passe-droit
» passe-port
» passe-temps
» passe-velours
» passe-volant
» perce-oreille
» pince-maille
» porte-épée
» porte-feuille
» porte-lettre
» porte-manteau
» porte-voix
» prête-nom
» prie-Dieu

Un rabat-joie
» tire-bouchon
» tire-bourre
» tire-fond
» tire-ligne

Un tire-pied
» tourne-broche
» trouble-fête
» vide-bouteille

Excepté : garde-robe, mouille-bouche, passe-fleur, perce-neige ; * perce-pierre.

V. — 6 Noms.

Les noms composés formés d'un verbe et d'un mot invariable sont masculins.

Un boute-en-train (1)
» passe-partout
» passe-passe

Un pique-nique
» savoir-faire
» savoir-vivre

DEUXIÈME RÈGLE

SUR LES NOMS EN *EUR*

Il y a 61 noms en *eur* qui s'écartent de la règle générale et sont féminins.

Afin d'en retenir facilement la liste, l'élève remarquera que ces noms, excepté *Chandeleur*, *fleur*, *liqueur*, *primeur*, *sueur*, *teneur*, *tumeur*, *vapeur* (2), sont abstraits et qu'ils désignent tous des propriétés jugées par l'un des cinq sens physiques ou moraux. Il sera donc facile de les retenir sans avoir à les apprendre par cœur. (Voir en outre le § VIII.)

(1) Ce mot peut également s'appliquer à la règle IV.

(2) *Vapeur* signifiant *navire* est masculin.

En voici la liste complète :

Noms en *eur* qui tombent sous le sens de

la Vue	l'Ouïe	le Goût	l'Odorat	le Tact (ou sentiment)	
				physique	*moral*
ampleur	clameur	aigreur	odeur	ardeur	*ardeur*
blancheur	rumeur	douceur	puanteur	chaleur	*chaleur*
candeur		fadeur	senteur	douleur	*douleur*
couleur		saveur		»	*erreur*
épaisseur		valeur		fraîcheur	»
grandeur		faveur		»	*froideur*
grosseur		défaveur		»	*ferveur*
hauteur				»	*fureur*
horreur				»	*langueur*
laideur				lourdeur	»
langueur				moiteur	»
lenteur				pesanteur	*pesanteur*
longueur				»	*peur*
lueur				raideur	*raideur*
maigreur				rigueur	*rigueur*
noirceur				»	*stupeur*
pâleur				tiédeur	*tiédeur*
profondeur				torpeur	*torpeur*
pudeur				»	*terreur*
impudeur				»	*frayeur*
rondeur				humeur	*humeur*
rougeur					*verdeur*
rousseur					
splendeur					
verdeur					

Je fais suivre cette liste de celle des noms masculins en *eur*, afin de laisser le choix entre cet exercice de mémoire et l'exercice d'intelligence qui précède. Il suffira donc d'apprendre ces noms masculins, sachant que tous les autres sont féminins.

* abducteur	cœur	diviseur
bonheur	dénominateur	équateur
chœur	déshonneur	* heur

honneur	malheur	ventilateur
indicateur	numérateur	
labeur	pleurs (1)	

TROISIÈME RÈGLE

SUR LES NOMS HOMONYMES

Il n'est pas facile d'établir une règle, au moins mécanique, pour distinguer dans les homonymes le masculin du féminin.

Nous ferons cependant les remarques suivantes, qui aideront la mémoire dans cette étude.

Sont masculins :

1° La chose la plus noble des deux (l'être vivant est plus noble de préférence);

2° Le tout de préférence à la partie ;

3° Les noms qui passent leur sens à un autre objet par métaphore ou par métonymie.

On remarquera une dizaine de noms qui ne sont pas conformes à l'une de ces trois observations.

LISTE DE TOUS LES HOMONYMES (2)

	Masculins.	*Féminins.*
1	*aide*, celui qui assiste.	*aide*, assistance, secours. — celle qui aide, qui secourt.
1	*aigle*, oiseau.	*aigle*, enseigne, — oiseau femelle.
1	*aigrette*, oiseau.	*aigrette*, plume de cet oiseau.
3	*aune*, arbre.	*aune*, mesure.
1	*barbe*, cheval.	*barbe*, poil du visage.

(1) Bossuet a dit au singulier : *ce pleur*.

(2) Le numéro indique l'une des trois observations

Masculins.	*Féminins.*
1 *barde*, poète celte.	*barde*, armure de cheval.
1 *braque*, chien de chasse.	*braques*, pinces d'écrevisse.
1 *cartouche*, volute (architecture	*cartouche*, charge d'une arme à feu.
1 *coche*, voiture publique.	*coche*, entaille dans un corps solide.
1 *couple* réunion de deux êtres effectuée par un intérêt quelconque.	*couple*, paire, deux choses de même espèce.
1 *chrême*, huile sacrée.	*crême*, partie grasse du lait.
décime, dixième partie d'un franc.	*décime*, dixième du revenu.
drille, soldat, bon garçon.	*drille*, chiffon, foret d'horloger.
1 *enfant*, garçon, enfant sans désignation de sexe.	*enfant*, fille.
1 *enseigne*, officier.	*enseigne*, marque, indice.
3 *espace*, étendue déterminée de lieu.	*espace*, intermot (terme d'imprimerie.)
faune, dieu champêtre.	*faune*, description des animaux d'une région.
3 *follicule*, membrane.	*follicule*, enveloppe des graines.
foret, instrument pour percer.	*forêt*, étendue de terrain boisé.
1 *foudre*, homme guerrier, éloquent. — Tonneau.	*foudre*, fluide électrique.
garde, action de garder, guêt, protection, charge.	*garde*, celui qui fait la garde.
3 *greffe*, dépôt public de registres judiciaires.	*greffe*, ente d'une jeune branche.
1 *guide*, qui accompagne.	*guide*, longe de cuir pour chevaux.

Masculins.	*Féminins.*
1 *hymne*, chant guerrier, national.	*hymne*, chant d'église.
3 *Iris*, arc-en-ciel, plante.	*iris*, partie de l'œil.
1 *laque*, beau vernis.	*laque*, gomme-résine.
1 *livre*, volume.	*livre*, ancienne monnaie et mesure de poids.
manche, partie de certains instruments.	*manche*, partie d'habit.
1 *merci*, remercîment, grâce.	*merci*, miséricorde, discrétion.
mémoire, écrit pour rappel, relation de faits.	*mémoire*, faculté de se souvenir.
3-1 *mode*, règle, système, manière, forme de verbe.	*mode*, usage passager, capricieux.
3-1 *môle*, digue, jetée de pierres.	*mole*, embryon, idée indigeste.
3 *moule*, objet creux pour donner une forme.	*moule*, sorte de coquillage.
1 *mousse*, jeune marin.	*mousse*, plante rampante.
1 *œuvre*, production de haute valeur.	*œuvre*, action bonne ou mauvaise.
office, fonction, devoir, service divin.	*office*, lieu où se garde la vaisselle, où se prépare le dessert.
1 *ombres*, morts, manes.	*ombre*, obscurité, apparence.
1 *page*, jeune serviteur d'un prince.	*page*, côté d'un feuillet.
1 *paillasse*, bateleur, bouffon.	*paillasse*, matelas de paille.
3 *palme*, mesure de quatre doigts.	*palme*, branche de palmier.
1 *pantomime*, celui qui parle par gestes.	*pantomime*, pièce entière en gestes.

Masculins	*Féminins*
3 *parallèle*, comparaison.	*parallèle*, ligne de géométrie.
pendule, balancier d'un chronomètre.	*pendule*, chronomètre.
1 *période*, le plus haut point où une chose puisse arriver.	*période*, terme de gramm., d'astron., espace de temps.
2 *plane*, arbre.	*plane*, outil tranchant.
1 *pivoine*, petit oiseau.	*pivoine*, fleur.
1 *platine*, métal.	*platine*, rond de cuivre pour sécher du linge.
3 *poêle*, fourneau à réchauffer, — drap mortuaire.	*poêle*, ustensile de cuisine.
poste, campement, emploi.	*poste*, relai, bureau de distribution des lettres.
1-3 *pourpre*, maladie, poisson, couleur.	*pourpre*, teinture, étoffe, dignité.
prétexte, cause apparente, spécieuse.	*prétexte*, robe romaine.
1 *pupille*, enfant confié à un tuteur.	*pupille*, partie de l'œil.
3 *relâche*, interruption, repos.	*relâche*, lieu à relâcher.
remise, carrosse de louage.	*remise*, lieu à remiser, délai, don, abandon.
1 *Serpentaire*, constellation.	*serpentaire*, herbe.
3 *solde*, dernier paiement d'une dette.	*solde*, paie d'un militaire.
somme, sommeil.	*somme*, fardeau, quantité d'argent.
souris, action de sourire.	*souris*, petit animal rongeur.
1 *trompette*, qui sonne de la trompette.	*trompette*, instrument de guerre.

	Masculins	*Féminins*
2	*vague*, grand espace vide, l'indéfini.	*vague*, ondulation écumeuse de l'eau.
1	*vase*, ustensile à contenir des liquides.	*vase*, limon, bourbe.
2	*temple*, édifice public, religieux.	*temple* (tempe), partie latérale de la tête.
3	*tour*, circuit, rang successif, machine.	*tour*, bâtiment élevé et fortifié.
3	*voile*, étoffe qui cache un objet, apparence.	*voile*, étoffe pour recevoir le vent.

LISTE DES NOMS MASCULINS EN *ée*

(*Terminaison féminine*)

* achée	Colysée	musée	trochée
apogée	Elysée	périgée	trophée
* Borée	Empyrée	* périnée	
caducée	hyménée	prytanée	
* camée	mausolée	spondée	

LISTE DES NOMS FÉMININS

à terminaison masculine.

Babel	dent	mer	peau
brebis	dot	mœurs	soif
bru	eau	mort	(la) Toussaint
chair	glu	* myrrhis	vertu
chaux	* hart	nef	vis
cour	jument	noix	voix
croix	loi	nuit	
cuiller	main	* onyx	

PARTIE SUPPLÉMENTAIRE

Les principes et les règles posés jusqu'ici, avec l'aide des 32 exercices, sont de nature à donner une connaissance suffisante du genre des noms en français, au moins pour le langage usuel. Les grammairiens s'en tiennent, en cette partie, à des principes autrement élémentaires. Je pourrais donc, à la rigueur, considérer mon travail comme achevé.

Cependant pour satisfaire ceux qui demandent une science complète du Genre, je donne ici la liste supplémentaire des noms en exception qui figurent bien plutôt dans les dictionnaires que dans la langue pratique, parce qu'ils appartiennent pour la plupart au vocabulaire de la science.

LISTE DES NOMS EN EXCEPTION

DONT L'USAGE EST PEU FRÉQUENT

1er ET 2e EXERCICE.

A

abacque	alaterne	anciles	apostème
able	amome	angusticlave	apostume
abstème	analectes	animalcule	apozème
acétable	anapeste	antes	archétype

asbeste
aspalathe
astragale
atabule
âtre
averne

Noms en *aire*, *oire*, *ère* : antiphonaire, acrotères.

3e Exercice.

B

basalte
béjaune
besaigre
bièvre
bissexte
bistre
bucéphale

Nom en *aire* : baptistaire.

4e, 5e et 6e Exercice.

C

calville
capricorne
cardamome
caroube
Carybde
catalectes
cénotaphe
centaure
cerne
ceste
chatepeleuse
chyle
cinabre
cinnamome
cloporte
Cocyte
codicille
collyre
colostre
colure
conchyle
condyle
conge
congre
coquatre
corpuscule
corybanthes
cothurne
coutre
crabe
cyathe
cycle
cynocéphale
cytise

Noms en *aire*, *ère* : capillaire, capitulaire, cartulaire, congiaire, cerbère.

7e Exercice.

D

dactyle
décagone
denticule
Deutéronome
diaphragme
dictame
dilemme
distique
dithyrambe

Noms en *aire*, *oire* : douaire, dépilatoire, dimissoire.

8e Exercice.

E

Ecclésiaste	ellébore	épilogue	eucologe
échiffre	empyreume	épistyle	exergue
écoufle, (écouf-fe)	enthymème	épithalame	Exode
	éphore	érable	

Noms en *aire*, *oire* : électuaire, éventaire, émonctoire, exécutoire, exutoire.

9e Exercice.

F

fascicule feurre filigrane

10e Exercice.

G

gingembre gypse

Nom en *aire* : glossaire.

11e Exercice.

H

hâle	hiérophante	hochequeue
heaume	hippocentaure	hypocauste
hémistiche	hippogriffe	hypocondres

12e Exercice.

I

iambe

13e Exercice.

J

jable

K

(*Néant.*)

14e Exercice.

L

limbe	lobe	logogriphe	lombes

15e Exercice.

M

manipule	marrube	métaplasme	mime
marasme	mélèze	microscome	minotaure

mufle

Nom en *ère :* mésentère.

16e Exercice.

N

(*Néant.*)

Nom en *aire :* nobiliaire.

17e Exercice.

O

ossifrague

18e Exercice.

P

paradigme	pénates	phalène	poncire
pécule	pène	philtre	ponce
pédicule	Pentateuque	pilastre	prépuce
pedoncule	périoste	Pinde	prolégomènes
Pégase	péritoine	pleige	prototype
pélamide	Permesse	podagre	pylore
Péloponèse	perpendicule	polypode	

Nom en *oire* : possessoire.

Q

(Néant.)

19e Exercice.

R

rable	régule	remugle	rhythme

rouvre

20e Exercice.

S

sesterce	sinople	scite	soque
sycophante	spicilége	squire	stylite
sille	syrtes	scare	
spasme	sistre	socle	
sylphe	safre	sezame	

Noms en *oire* : sublimatoire, suppositoire.

21e EXERCICE.

T

Tartare	tenesme	topique	trope
tartre	térébinthe	tore	
taurobole	thermes	torse	
Ténare	thyrse	tuorbe	

U

(*Néant.*)

22e EXERCICE.

V

vénéfice ventricule verticilles

23e EXERCICE.

Y

yèble

24e EXERCICE.

Z

zèbre zeste zoolithe zoophites

18e Exercice.

P

paradigme
pécule
pédicule
pedoncule
Pégase
pélamide
Péloponèse
pénates
pène
Pentateuque
périoste
péritoine
Permesse
perpendicule
phalène
philtre
pilastre
Pinde
pleige
podagre
polypode
poncire
ponce
prépuce
prolégomènes
prototype
pylore

Nom en *oire* : possessoire.

Q

(Néant.)

19e Exercice.

R

rable
régule
remugle
rhythme
rouvre

20e Exercice.

S

sesterce
sycophante
sille
spasme
sylphe
sinople
spicilége
syrtes
sistre
safre
scite
squire
scare
socle
sezame
soque
stylite

Noms en *oire* : sublimatoire, suppositoire.

21e Exercice.

T

Tartare	tenesme	topique	trope
tartre	térébinthe	tore	
taurobole	thermes	torse	
Ténare	thyrse	tuorbe	

U

(*Néant.*)

22e Exercice.

V

vénéfice ventricule verticilles

23e Exercice.

Y

yèble

24e Exercice.

Z

zèbre zeste zoolithe zoophites

QUELQUES

REMARQUES GRAMMATICALES DÉTACHÉES

Bien que les remarques qui suivent ne fassent pas une partie intégrante de cet opuscule et semblent ne point s'y rattacher, je les crois cependant utiles en ce qu'elles sont la solution de difficultés proposées par les Étrangers eux-mêmes. Je crois donc leur être agréable en les consignant à la fin de mon ouvrage, au moins à titre d'acquit ; car elles sont leur œuvre plutôt que la mienne.

EMPLOI DE L'ARTICLE, DE L'INDÉTERMINATIF *du, de la, des,* DE LA PRÉPOSITION *de.*

Il est indispensable de distinguer *du*, *de la*, *des*, article véritable et expression indéterminée.

L'article répond au génitif ou à l'ablatif : La valeur *du* soldat. — Le Fils procède *du* Père. — Les ouvriers sortent *de la* carrière.

L'indéterminatif *du*, *de la*, *des* n'implique point idée d'appartenance, de sortie, d'extraction, mais annonce un nominatif ou un accusatif : *Des* philosophes ont nié le mouvement. — J'ai *du* pain, *de la* viande, *des* fruits.

L'article n'offrant point de difficulté dans son emploi, c'est de l'indéterminatif que nous nous occuperons.

EMPLOI DE L'INDÉTERMINATIF

I. *Devant le sujet.* — Quand l'esprit ajoute au sujet l'idée de *quelque* on emploie toujours l'indéterminatif.

Exemple : *Du* pain me suffit. — *Des* fruits me suffisent.

II. *Devant l'accusatif.* — On emploie également l'indéterminatif devant l'accusatif

1° Si celui-ci n'est point qualifié. Exemple : Vous avez *du* temps pour agir. — Cet ennemi a *de la* franchise. — Vous trouverez *des* obstacles.

2° Si l'accusatif est qualifié après lui par un adjectif ou une proposition déterminative. Exemple : Je connais *des* hommes *lâches* et *des* femmes *courageuses* (1). — Je sais *des* hommes *qui pensent comme vous.*

EMPLOI DE LA PRÉPOSITION *de*

Il y a des cas où l'indéterminatif, qui se substitue à l'article, fait place lui-même à la préposition *de.*

On emploie simplement *de* :

1° Si l'accusatif est précédé de son qualificatif. Exemple : Donnez-moi DE *bon* pain, DE *bonne* bière, DE *bons* cigares.

2° Si l'accusatif dépend d'un verbe négatif. Exemple : L'égoïste n'a pas *d'*amis. — On ne rencontre pas *de* cœur comme le sien.

3° Après un adverbe de quantité ou un collectif partitif. Exemple : PEU *de* soldats sont revenus de cette expédition. — UNE MULTITUDE *d'*hommes sacrifient leurs convictions intimes à une opinion.

OBSERVATION. Cependant si l'accusatif du verbe négatif

(1) Il en serait de même avec un impersonnel : Il y a, il existe, il court par le monde *des* hommes, etc.

ou le régime de ces adverbes et de ces collectifs était appuyé après lui par un déterminatif, adjectif ou proposition, on emploierait *du*, *de la*, *des*. Exemple : Ne faites point *des* démarches inutiles, *des* démarches *qui vous humilient*. — PEU *des* soldats de cette expédition sont revenus. — UNE MULTITUDE *des* hommes *de la Chambre*, *des* hommes *que vous admirez* sacrifient leurs convictions intimes à une opinion.

ACCORD DES NOMS COMPOSÉS

Le nom, l'article, l'adjectif, le pronom, le verbe et le participe sont susceptibles de la marque plurielle ; la préposition, la conjonction, l'adverbe et l'interjection demeurent invariables dans leur orthographe.

L'accord des noms composés, en apparence si capricieux, repose pourtant sur un principe d'accord commun aux autres espèces de mots, c'est-à-dire qu'ils prennent la marque du pluriel dans leurs parties qui éveillent une idée de pluralité ; qu'ils demeurent dans leur forme simple si ces parties présentent une idée de singularité ou si elles sont par nature invariables.

Ainsi c'est l'analyse des mots composés qui donne la raison de variabilité ou d'invariabilité des mots dont ils se forment.

Quand je dis : *un chef-lieu*, j'entends clairement un lieu, une ville qui est chef ou capitale ; donc l'expression plurielle me fera entendre des *lieux chefs*, des *villes capitales* ; j'écrirai, par conséquent, des *chefs-lieux*, et pour la même raison : des *basses-tailles*, des *bouts-rimés*, des *faux-bourdons*, des *blancs-becs*, etc.

Si je dis : un porte-clefs, un cure-dents, un passe-droit, un crève-cœur, j'entends parler d'un homme qui *porte plu-*

sieurs clefs, d'un objet qui *cure les* dents, d'un avancement qui *passe* sur *le* droit d'un autre ou d'autres, d'un déplaisir qui *crève le* cœur. Donc l'expression plurielle amènera ce sens: des hommes qui *portent les clefs*, des objets qui *curent les dents*, des avancements qui *passent* sur *le droit* d'un autre ou d'autres, des déplaisirs qui *crèvent le cœur*, etc. D'où l'on écrira : des *porte-clefs*, des *cure-dents* (1), des *passe-droit*, des *crève-cœur*.

La première partie de ces noms composés étant un verbe ne saurait prendre la marque plurielle des noms, et, partant, demeure invariable ; la seconde partie prend la marque qu'indique le sens par l'analyse.

Ces quelques observations suffisent pour fixer sur l'orthographe de tous les noms composés.

Ainsi l'on écrira : des *saufs-conduits*, des *chasse-marée*, des *essuie-mains*, des *appuis-main*, des *chefs-d'œuvre*, des *bains-marie*, des *passe-partout*, des *eaux-de-vie*, des *coq-à-l'âne*, etc. ; car l'analyse de ces noms exige cette orthographe.

EMPLOI DU PRONOM *le*.

Ce pronom, en dehors du masculin singulier, s'emploie pour signifier *cela*, pronom neutre. Ainsi une femme à qui l'on demande : Êtes-vous malade ? répondra : je *le* suis. — Des hommes répondraient : nous *le* sommes.

D'où il suit que le pronom *le* remplace un qualificatif, de quelque genre ou de quelque nombre que soit le qualificatif. Mais s'il s'agit de remplacer un nom ou un adjectif pris substantivement, c'est-à-dire précédé d'un article ou d'un

(1) Ce substantif est essentiellement pluriel même dans un *cure-dents* ; car c'est un objet qui sert à curer *les dents* et non *la dent*.

déterminatif, on emploie alors le pronom variable *le, la, les* selon le genre et le nombre du substantif exprimé.

Exemple : Madame, êtes-vous *la* malade ? *la* fiancée ? — Je *la* suis. — Messieurs, êtes-vous les ambassadeurs du roi ? — Nous *les* sommes. — Etes-vous *sa* sœur ? — Je *la* suis. — Etes-vous *ses* frères ? — Nous *les* sommes.

EMPLOI DES PRONOMS *il, ce.*

I. 1° Le pronom *ce* s'emploie comme sujet dans les propositions où l'attribut est affecté de l'article ou d'un déterminatif, ou qu'il est pronom.

Exemple : C'est *un* bon officier. — CE sont *des* gens charitables. — C'est *l'*ami des pauvres. — C'est *vous* que l'on cherche.

2° On emploie le pronom personnel dans le cas contraire. Exemple : IL est bon officier. — ILS sont gens charitables. — IL est ami des pauvres.

II. Le pronom *ce* suivi du verbe *être* et d'un attribut de 3e personne plurielle veut ce verbe au singulier ou au pluriel.

1° Au singulier si le pronom relatif suivant est objectif.

Exemple : *Ce n'est* pas les Troyens *que* l'on poursuit, c'est Hector.

2° Au pluriel si le pronom relatif suivant est sujet.

Exemple : Ce *sont* les vices *qui* dégradent les hommes.

III. 1° Au lieu de *ce* employez *il* devant un impersonnel qui a pour sujet réel un infinitif ou même une proposition subjonctive.

Exemple : Il est défendu de haïr ses frères (*haïr* ses frères est défendu). — Il est préférable que vous partiez (*que vous partiez* est préférable).

Mais on dira : C'est par crainte qu'il agit, parce que la

proposition *qu'il agit* n'est ni subjonctive ni sujet de l'impersonnel.

2° Quand par inversion le sujet est après l'attribut on emploie *ce* avec *être.*

Exemple : Le premier des devoirs de l'homme *c*'est l'amour de Dieu. Dans cet exemple *l'amour de Dieu* est sujet.

On supprime *ce* s'il n'y a pas inversion.

Exemple : L'amour de Dieu est le premier des devoirs.

FORMATION DU FÉMININ DES NOMS EN *eur*.

Nous rangerons ces noms en trois classes : 1° les noms de forme purement française ; 2° ceux de forme latine ; 3° les comparatifs.

1° Les noms en *eur* de forme purement française changent pour le féminin *r* en *se* : *flatteur*, *flatteuse* — *dormeur*, *dormeuse* — *danseur*, *danseuse* — *charmeur*, *charmeuse* — *chanteur*, *chanteuse*, etc.

Excepté : *gouverneur*, *serviteur*, qui font *gouvernante*, *servante*.

2° Les noms en *eur* de forme latine, c'est-à-dire ceux qui changent la finale *tor* du latin en *teur*, changent *eur* en *rice*, forme également féminine en latin : *conducteur*, *conductrice* — *séducteur*, *séductrice* — *donateur*, *donatrice* — *lecteur*, *lectrice*, etc.

Remarque. *Empereur*, quoique de forme française, fait au féminin *impératrice* du latin *imperator*. *Chanteur* a un second féminin *cantatrice*, du latin *cantator* ; *ambassadeur* fait *ambassadrice*.

3° Les comparatifs en *eur* forment régulièrement le féminin par l'addition de l'*e* muet : *majeur*, *majeure* — *mineur*, *mineure* — *meilleur*, *meilleure* — *supérieur*, *supérieure* — *inférieur*, *inférieure* — *intérieur*, *extérieur*, *citérieur*, etc.

Remarques. 1° *Chasseur*, *enchanteur*, *pécheur* (qui commet des péchés), — *vengeur*, — *bailleur*, *défendeur*, *demandeur*, changent *eur* en *eresse*. — *Vendeur* fait *vendeuse* dans son sens ordinaire et *venderesse* en terme de justice.

2° Quelques noms de la 2e catégorie n'ont point de féminin, parce qu'ils expriment des états qui conviennent spécialement aux hommes. Ce sont : amateur, auteur, compositeur, docteur, graveur, littérateur, orateur, professeur, sculpteur, traducteur.

PLACE QUE DOIVENT OCCUPER CERTAINS ADJECTIFS

Un grand nombre d'adjectifs placés après le substantif gardent leur sens propre ; placés devant le substantif ils prennent un sens figuré.

Ainsi : un homme *grand* signifie un homme de taille élevée ; un *grand* homme signifie un homme de grand talent, de génie. Un homme *petit* est celui qui est court de taille ; un *petit* homme est celui qui a des sentiments bas.

Napoléon était un homme *petit* et un *grand* homme.

Il en est de même des adjectifs *honnête*, *brave*, *bon*, *pauvre*, *méchant*, *mauvais*, *faux*, *habile*.

REMARQUES SUR LES VERBES

VERBES SUIVIS D'UN INFINITIF

I. Tous les verbes composés d'*avoir* et d'un substantif demandent *de* devant l'infinitif : avoir raison *de* craindre — avoir l'ambition *de* réussir — avoir tort *de* se plaindre, etc.

II. Les verbes employés impersonnellement demandent *de* avant un infinitif quand celui-ci est le sujet de la proposition : Il est honteux *de* mentir (*mentir* est honteux). — Il me plait *de* le dire (*dire* cela me plaît). — Il me suffit *de* vous voir (vous *voir* me suffit), etc.

III. Les verbes qui marquent inclination, propension demandent *à* devant un infinitif : S'appliquer *à* être agréable — se résoudre *à* partir — s'engager *à* combattre — persévérer *à* se bien conduire — continuer *à* obéir, etc.

IV. Les autres verbes qui réclament la préposition *à* sont ceux qui en latin amènent la préposition *ad* ou le gérondif en *do* : Je passe mon temps *à* lire — Cela concourt *à* vous relever — Nous nous préparons *à* partir, etc.

V. Si le verbe latin amène *ut*, *quod* ou *ne*, le verbe français amène *de* : Il se vante *de* l'emporter sur vous — Je vous prie, je vous supplie, je vous conjure *de* m'écouter — Pardonnez-moi de vous avoir déplu — Gardez-vous *de* lui déplaire — Il se plaint *d'*avoir trop fait pour vous, etc.

VI. Les verbes qui marquent volonté arrêtée, résolution prise, comme *résoudre*, *déterminer*, *arrêter*, *décider*, etc., demandent *de* sous la forme active et *à* sous la forme réfléchie ou neutre : J'ai résolu *de* défendre mon honneur — Nous arrêtons *de* voyager ensemble — Ils ont décidé *de* vous entretenir de cette affaire. — Nous nous sommes résolus, Je suis résolu *à* partir — Je suis déterminé, Je suis décidé, Nous nous sommes décidés à partir — Nous nous sommes arrêtés *à* vous parler de cette affaire.

Remarque : 1° Les verbes *vouloir* et *prétendre* s'emploient sans préposition : Je *veux* pratiquer le bien — Je *prétends* agir librement.

2° Le verbe *exiger* n'amène que la forme subjonctive : Il *exige* que vous répariez vos torts.

VII. De tous les verbes réfléchis le seul verbe *s'imaginer* s'emploie sans préposition devant un infinitif.

VIII. La conjonction *que* devant une proposition que l'on rend en latin par l'infinitif, amène le subjonctif si le verbe précédent exprime *volonté*, *crainte*, *désir* ou *doute*, ou s'il est interrogatif. Je VEUX *que* vous me *disiez* la vérité — Je CRAINS *que* l'ennemi ne me *surprenne* — Je DÉSIRE *que* tout se *passe* bien — PENSEZ-VOUS *qu*'il se *rende?* — Je DOUTE *qu*'il se *rende*.

Dans les autres cas c'est l'indicatif qu'il faut employer : JE CROIS *qu*'il *pleut* — J'AFFIRME *qu*'il *a* raison.

IX. Les infinitifs précédés de *après..... avant de*, ainsi que les participes, au début d'une proposition, doivent marquer un état ou une action se rapportant au sujet principal :

Exemple : (Moi) *Avant de partir*, *devant partir* demain, je vous laisse mes recommandations. — (Moi) *Après* être parti, *étant parti, je* vous envoie mes recommandations.

Il serait donc fautif de dire : (Moi) *Ayant résolu* de partir demain, *vous* me remettrez mon compte.

X. *Durant* et *pendant*, qui régissent des adverbes de temps, peuvent se supprimer devant un verbe neutre, passif, ou impersonnel ; mais il faut les employer avec un verbe actif qui n'a pas d'accusatif exprimé. Ainsi on peut dire avec ou sans préposition : — J'ai dormi (durant) sept heures — Nous avons été poursuivis (pendant) deux jours par les corsaires — Il a plu (pendant) un mois tout entier. — Je vous ai averti (pendant) deux ans du danger que vous couriez.

Mais on ne pourrait dire : *J'ai mangé deux heures*, le verbe actif *manger* n'ayant pas d'accusatif.

XI. Les substantifs dérivés de verbes ou d'adjectifs réclament après eux la même préposition que ces verbes ou ces adjectifs. Ainsi on dit : *Fidélité* A la loi — *rappel* A l'ordre — *obstination* A poursuivre — *avènement* AU trône — *croyance* EN OU A Dieu — *Départ* DE la ville — *sortie* DU port, etc.

Ce sont en général des dérivés de verbes neutres.

Les dérivés de verbes actifs demandent la préposition *de :* l'*amour* (aimer) DU prochain — La *haine* (haïr) DU mal — Le *rejet*, *le refus*, D'une faveur, etc.

XII. Les pronoms *me*, *te*, *se*, *nous*, *vous*, datifs ou accusatifs, doivent se placer devant l'infinitif s'il s'en trouve un dans la proposition.

Il en est de même des pronoms *le*, *la*, *les*, *lui*, *leur*, *en*, *y*. Exemple : J'irai *vous* voir — Nous irons *nous* promener — Je vous charge de *les* prévenir. Ces fleurs sont fragiles : hâtons-nous d'*en* cueillir, etc.

XIII. LE NOM COLLECTIF.—Le verbe qui suit un collectif est

singulier ou pluriel. Singulier, s'il se rapporte au collectif; pluriel, s'il se rapporte au complément de ce collectif.

1° Il s'accorde avec le collectif si celui-ci est précédé de l'article ou d'un adjectif déterminatif.

Exemple : *La multitude* des étoiles *fait* admirer la puissance du Créateur.

Il en est de même si le complément du collectif est déterminé par une proposition incidente : *La multitude* des étoiles *qui peuplent le firmament fait* admirer, etc.

2° Il s'accorde avec le complément du collectif si celui-ci est précédé de *un*, *une*.

Exemple : *Une multitude* d'étoiles *sont* invisibles à l'œil nu.

XIV. Plus, davantage. — Quand *plus* avec un verbe n'amène pas *que*, il se remplace par *davantage*.

Exemple : Un malheureux qui en console un autre a une éloquence d'autant *plus* puissante *qu*'il la puise *davantage* en lui-même.

XV. Parce que, puisque. — *Parce que* amène une raison, *puisque* amène plutôt une conséquence.

Exemple : Un navire disparaît successivement à l'horizon *parce que* la terre est ronde.

La terre est ronde *puisque* un navire disparaît à l'horizon.

XVI. En, dans. — Ces deux prépositions expriment des idées différentes : la première donne un caractère vague à l'idée énoncée ; la seconde détermine, précise davantage.

Exemple : *En* ménage (manière de vivre) l'esprit n'est point ce qu'il faut.

Dans un ménage (lieu où l'on vit) il faut de petites querelles. — Les coupables expient *en* prison leur funeste entraînement. — Les coupables sont *dans* la prison où vous les avez fait enfermer.

FORMATION DES ADVERBES EN *ment*

La plupart des adjectifs français ont un adverbe en *ment* qui en dérive.

Voici comment ils se forment :

1° D'adjectifs en *ant* et *ent* en conservant la lettre *a* ou *e* de l'adjectif et en doublant après elle la consonne *m* : Puissant, *puissamment*, diligent, *diligemment*.

2° Du féminin des adjectifs non terminés en *ant* ou *ent* : bonne, *bonnement*, — fraîche, *fraichement* — religieuse, *religieusement*.

NOTA. Les adjectifs *présent* et *lent* font aussi *présentement*, *lentement*, du féminin *présente*, *lente*.

Remarque. — Les adverbes *aveuglément*, *commodément*, *conformément*, *énormément*, *obscurément*, *précisément*, *profondément*, bien que régulièrement formés, reçoivent l'accent aigu. — *Gentil* fait *gentiment* par contraction.

3° Du masculin des adjectifs terminés en *é*, *i*, ou *u* : obstiné, *obstinément* — nommé, *nommément* — étourdi, *étourdiment* — poli, *poliment* — absolu, *absolument* — dû, *dûment* — nu, *nument*, etc. Impuni fait *impunément*.

REGLE COMPLETIVE. — Tous les mots, noms, adjectifs ou adverbes, dérivant d'un participe présent conservent pour leur orthographe la lettre *a* de la dernière syllabe de ce participe : J'ai vu votre correspond*a*nt — Que seront nos descend*a*nts ? — des mots menaç*a*nts, plais*a*nts — donner abond*a*mment.

VARIABILITÉ DU PARTICIPE PASSÉ.

Le participe passé peut être employé de trois manières : seul, avec l'auxiliaire *être*, avec l'auxiliaire *avoir*.

1° SEUL, *il suit la règle des adjectifs*, c'est-à-dire qu'il s'accorde en genre et en nombre avec le nom qu'il détermine : Des remparts *détruits* — des villes *forcées* — une famille *ruinée*.

2° Employé AVEC L'AUXILIAIRE ÊTRE *il est encore toujours variable*, c'est-à-dire qu'il s'accorde en genre et en nombre avec le sujet du verbe : Ces remparts sont *détruits* — Ces villes ont été *forcées* — Cette famille est *ruinée*.

3° Employé AVEC L'AUXILIAIRE AVOIR *il prend le genre et le nombre de l'accusatif qu'il régit s'il en est précédé*. C'est dire que le participe demeure invariable si son accusatif est après lui : J'ai REÇU *votre lettre* (accusatif) et je *l'* (accusatif) ai *remise* à votre famille. — Des historiens ont FLÉTRI *la mémoire* d'Alcibiade, d'autres *l'ont* RELEVÉE par des éloges — *Quels obstacles* (accusatif) a jamais TROUVÉS la fortune de ceux qui tiennent en leur main la volonté publique ? — Les grands orateurs *que* j'ai ENTENDUS parler m'ont rallié aux opinions *que* je leur ai *entendu* soutenir tour à tour.

Dans ce dernier exemple j'ai entendu *eux* parler ; et j'ai entendu soutenir *elles* (les opinions). Le premier participe est masculin pluriel comme son accusatif placé devant lui ; le second demeure invariable parce que l'accusatif *que* qui précède appartient, non au participe, mais à l'infinitif *soutenir*.

OBSERVATION. — L'emploi de l'auxiliaire *être* dans les verbes réfléchis est un gallicisme qui ramène ces verbes, non au deuxième, mais au troisième cas. En effet dans ces verbes l'auxiliaire *être* est mis pour *avoir*. Il y a toujours idée d'action, jamais d'état. Ainsi *Je me suis promené* est pour *je m'ai promené*, et en ce cas l'on ramène ces verbes à la troisième règle. Le premier pronom est toujours sujet, le second est toujours complément et détermine par conséquent la variabilité ou l'invariabilité du participe.

Quand je dis : Vous vous êtes *vantés* de réussir (vous avez vanté *vous*); le second pronom est accusatif et passe son genre et son nombre au participe. En parlant à des femmes je dirais : Vous vous êtes *vantées*. Ils se sont *nui* (ils ont nui à *eux*); le second pronom est datif et par conséquent le participe garde sa forme simple.

ACCENTUATION.

Outre le *point* qui se place sur l'*i*, et le tréma (¨), que l'on met sur une voyelle pour l'empêcher de former une diphthongue avec la voyelle qui précède, on distingue trois accents : l'aigu (´), le grave (`) et le circonflexe (ˆ), qui est formé de la réunion des deux autres.

I. 1° L'accent *circonflexe* remplace ordinairement une lettre, le plus souvent une *s*, qui figurait dans l'orthographe ancienne, comme dans *tête* (pour *teste*), *côte (coste)*, *fête (feste)*, *empêcher (empescher)*, *âge (aage)*, *rôle (roole)*, *piqûre (piquure)*.

2° La plupart des mots en *âtre* prennent cet accent : *pâtre*, *rougeâtre*, etc. De même les adjectifs *mûr*, *sûr*, et les participes *dû*, *redû*, *crû* (de croître) *mû*.

3° On place encore cet accent sur la première et la

deuxième personne plurielle de tous les passés définis et sur la troisième personne singulière de l'imparfait du subjonctif : nous *aimâmes*, vous *reçûtes*, qu'il *rendît*.

4° Enfin le circonflexe se place sur l'*i* des verbes en *aître* et en *oître* partout où il est suivi de *t* : il *paraît*, vous *croîtrez*, nous *apparaîtrons*.

II. L'accent grave surmonte :

1° Tous les *e* suivis d'une syllabe muette, comme *mère*, *révèle*, *secrète*, excepté l'*e* suivi de *ge*, qui prend alors l'accent aigu : *manége*, j'*assiégerai*.

2° Tous les mots terminés par *es* sans être un pluriel : un *accès*, un *progrès*, etc., *dès*, *près*, *après*, *auprès*.

3° Les mots invariables *à*, préposition, *là*, *déjà*, *çà*, *deçà*, *delà*, *holà*, *voilà* ; *où*, adverbe.

III. L'accent aigu se place sur tous les *e* qui d'après les deux règles précédentes ne demandent ni l'accent grave ni l'accent circonflexe et qui ne sont point muets : amén*i*t*é*, duret*é*, s*é*v*é*rit*é*.

Observez que la lettre *e* ne reçoit point d'accent quand elle forme une syllabe sonnante avec le concours d'une ou de plusieurs consonnes placées après elle : nez, mer, aimer, emmieller, sec, Melchisédech, essuyer, examen.

Mais le premier *e* des mots éplucher, étriller, bien que suivis de deux consonnes, reçoit l'accent parce qu'il forme à lui seul une syllabe, tandis que les mots essuyer, examen n'ont point d'accent au premier *e*, attendu qu'ils forment une syllabe avec une partie de la lettre double qui suit.

SYNONYMIE.

I. — ACHETER.

Dites : *acheter à bon* marché, et non *acheter bon* marché.

II. — AIDER.

Ce verbe avec l'accusatif signifie *assister sans peine et sans fatigue : aider quelqu'un de sa bourse, de ses conseils, de son crédit.*

Avec le datif il signifie *soulager, partager les efforts, la fatigue : Aider* A *quelqu'un à se relever.*

III. — ALLER.

Ce verbe s'emploie de deux manières aux temps composés. Ainsi on dit : *Il a été à l'audience*, pour dire qu'il en *est revenu* ou qu'il est censé n'y être plus; et : *Il est allé à l'audience*, s'il y est encore, ou s'il est supposé y être. — On ne doit dire jamais : *Je fus* pour *j'allai.*

IV. — ANOBLIR, ENNOBLIR.

Le premier signifie *conférer un titre de noblesse : Le roi a anobli cette famille.*

Le second signifie *donner de l'éclat* et a le sens figuré : *Les sciences, les beaux-arts ennoblissent une langue.*

V. — APPLAUDIR.

Ce verbe demande l'accusatif lorsqu'il signifie *battre des mains : Nous avons applaudi l'orateur, son discours.* Il prend le datif s'il signifie *féliciter, adopter, adhérer : Nous avons applaudi au gouvernement — Ses ennemis même applaudissent* A *sa fermeté.*

VI. — Apprendre.

Ce verbe s'applique et au maître et au disciple. On dit : *Ce maître apprend la grammaire à ses élèves — Cet enfant apprend la grammaire.*

VII. — Atteindre.

Ce verbe avec l'accusatif exclut l'idée d'obstacle, d'effort : *J'ai atteint mes vingt ans.*

Il veut aussi le nom de la personne à l'accusatif : *Atteindre un voleur. — Il est impossible d'atteindre Racine.*

Avec le datif il suppose effort : *Il atteint* AU *plafond.*

VIII. — Avoir affaire.

Ce verbe demande *avec*, quand il y a égalité de rapport, indépendance : *J'ai affaire* AVEC *nos associés* — N'ayez *jamais affaire* AVEC *les fripons.*

Avec le datif il suppose pouvoir, supériorité : *Je n'ai pas affaire avec vous, J'ai affaire* A *mes juges.*

IX. — Avoir rapport.

Ce verbe avec le datif exprime une idée de dépendance, de relation : *Les effets ont rapport* AUX *causes.*

Il régit *avec* dans le sens de ressemblance : *Il a* AVEC *vous bien du rapport.*

X. — Capable, Susceptible.

Capable appliqué aux personnes signifie *qui a de la capa-*

cité, du talent, qui peut : Ce magistrat est capable — Il est capable de nous oublier ici.

Appliqué aux choses il signifie *qui peut : Son tempérament n'est pas capable de supporter cette épreuve — Cette branche est capable de vous supporter.*

Susceptible s'applique aux personnes et aux choses : *Nous sommes susceptibles d'erreur. — Cette terre est susceptible d'amélioration.*

Cet adjectif employé sans régime signifie *qui s'offense aisément : Votre ami est fort susceptible — Son caractère est très-susceptible.*

XI. — C'EST A MOI, A VOUS.

Cette expression demande *à* avec l'idée d'ordre, de tour : *Comme troisième orateur inscrit, c'est à vous* A *prendre la parole.*

Elle prend *de* pour éveiller une idée de convenance, de supériorité : *Madame, c'est à vous* DE *parler. — C'est à moi* DE *commander ici.*

XII. — CONSOMMER, CONSUMER.

Consommer s'applique aux choses de besoin journalier : *On consomme du pain, du bois, de la bougie.*

Consumer implique l'idée de destruction sans usage : *Le temps, la maladie, le feu, la rouille consument.* Au figuré *on consume le temps.*

XIII. — DÉJEUNER, DINER, SOUPER.

On déjeune, on dine, on soupe *avec quelqu'un* mais non *avec quelque chose.* On déjeune, on dine *d'un* poulet.

XIV. — Éclairer.

On dit : *Eclairer à quelqu'un* pour désigner que l'*on apporte la nuit de la lumière sur son passage.*

Eclairer quelqu'un signifie *le diriger de ses conseils*, *de ses lumières.*

XV. — Éminent, Imminent.

On emploie ces deux adjectifs avec *péril*, *danger :* le premier pour signifier que le danger est grand, mais non certain ; le second pour indiquer que le danger est très-prochain et presque inévitable.

XVI. — Emprunter.

Ce verbe prend la préposition *à* dans le sens propre, et la préposition *de* dans le sens figuré : *J'ai emprunté mille francs* A *ce banquier — Les planètes empruntent leur lumière* DU *soleil — Les magistrats empruntent leur autorité* DE *la loi.*

XVII. — Entendre raillerie.

Cette expression signifie recevoir, sans nous fâcher, les plaisanteries que l'on nous adresse.

Entendre la raillerie signifie que l'on sait plaisanter avec finesse, sans blesser.

XVIII. — Envier, Porter envie.

On *envie* une chose, on *porte envie* aux personnes.

XIX. — Espérer, Compter, Promettre.

On ne peut faire dépendre de l'un de ces trois verbes

l'idée d'une chose passée ou même présente, attendu que l'on *espère*, que l'on *compte*, que l'on *promet* pour l'avenir. On ne dit donc pas : J'ESPÈRE, JE COMPTE *que vous vous portez bien* — J'ESPÈRE, JE COMPTE *que vous avez été content de moi* — JE VOUS PROMETS *que nous sommes satisfaits de notre excursion* ; mais il faut dire : JE PENSE, JE SUPPOSE, J'AIME A CROIRE *que vous vous portez bien*, etc. — JE VOUS ASSURE *que nous sommes satisfaits*, etc.

XX. — EXCUSE.

Ne dites pas : *Je vous demande excuse*, mais *Je vous demande pardon*. On dit : *Je vous présente mes excuses, Je vous prie d'agréer mes excuses.*

XXI. — FAIRE.

Ne faire que se rapporte à une action fréquemment répétée : *Il ne fait que sortir et rentrer*, c'est-à-dire qu'il entre et sort à tout instant.

Ne faire que de se rapporte à une action qui vient d'avoir lieu : *Il ne fait que* DE *sortir* signifie qu'il vient de sortir à l'instant.

XXII. — FIXER.

Il est incorrect de dire : *J'ai beau* FIXER *cette personne*, je ne la reconnais pas — Pourquoi me *fixez-vous* ainsi ? — au lieu de : *J'ai beau* REGARDER, etc. — *Pourquoi me* REGARDEZ-VOUS *ainsi?*

On dit : *regarder fixement*, *fixer ses regards*.

XXIII. — IMPOSER.

Après ce verbe on sous-entend *le respect*, *l'admiration*, et l'on dit : *Sa vieillesse* IMPOSE — *Son courage* IMPOSE *à l'ennemi.*

En imposer signifie *mentir*, *faire accroire* : *L'air composé de l'hypocrite* EN IMPOSE.

XXIV. — INFECTER, INFESTER.

Le premier signifie *corrompre*, *répandre une mauvaise odeur*, au figuré comme au propre : *Son haleine nous* INFECTE — *Le scepticisme est près d'*INFECTER *tous les cœurs.*

Le second signifie *piller*, *ravager* : *Alexandre* INFESTA *les côtes de l'Inde.*

XXV. — INSULTER.

Dans le sens propre ce verbe amène un accusatif : *Ce fou* INSULTE *tout le monde.* Dans le sens figuré il amène un datif : *Le mauvais riche* INSULTE A *la misère du pauvre.* — INSULTER AU *bon goût*, A *la raison.*

XXVI. — MATINAL, MATINEUX, MATINIER.

On dit d'un homme qu'il est *matinal* quand il s'est levé matin *accidentellement.* — S'il se lève matin *par habitude* il est *matineux.*

On dit l'*étoile matinière.*

XXVII. — MONTER.

Les expressions *monter en haut*, *descendre en bas* sont admises. On ajoute au verbe le complément *en haut*, *en bas* quand on a dans l'idée de spécifier un lieu, un appartement, de le désigner. — Hors ce cas il y a pléonasme vicieux.

XXVIII. — Observer.

Ce verbe signifie *remarquer* et ne peut signifier *faire remarquer*. Il faut donc dire : *Je vous fais observer* dans le sens de *Je vous fais remarquer*, et non : *Je vous observe que...*

XXIX. — Oublier.

Ce verbe veut *à* quand il signifie *perdre par défaut d'habitude;* il veut *de* quand il signifie *omettre par défaut de mémoire* : *A force d'oublier* DE *lire vous finirez par oublier* A *lire.*

XXX. — Participer.

Participer à une chose c'est y *prendre part : Participer à une fête — Participer aux faveurs de la cour.*

Participer de signifie *tenir de la nature de : Le mulet* PARTICIPE *de l'âne et de la cavale.*

XXXI. — Plier, Ployer.

Plier n'implique pas l'idée de résistance, d'effort. La chose pliée garde ordinairement le pli qu'on lui donne. On plie *du linge, une lettre.*

Ployer implique l'idée de résistance; on ploie *une branche d'arbre, un caractère difficile.* — On PLIE le genou devant Dieu, on le PLOIE devant les hommes.

XXXII. — Se rappeler.

Ce verbe demande toujours un accusatif. Il ne faut point dire : *Je me rappelle de — Je me rappelle cette histoire* et non *de cette histoire. — Je me* LA *rappelle* et non *je m'*EN *rappelle.*

Se souvenir, son synonyme, demande toujours la préposition *de* : *Te souviens-tu* DE *cet accident? Je m'*EN *souviens.*

XXXIII. — SERVIR.

Après ce verbe on met *à* ou *de*. *Servir à rien* exprime une nullité *accidentelle ; Servir de rien* exprime une nullité *absolue*. Si je n'ai pas besoin d'un objet aujourd'hui je puis dire à quelqu'un : *Prenez-le, il ne me sert* A RIEN. D'un objet dont je n'ai que faire je dirai : *Prenez-le, il ne me sert* DE RIEN.

XXXIV. — SUCCOMBER.

Ce verbe avec *sous* amène l'idée d'affaissement ; avec *à* l'idée de faiblesse. On succombe *sous* le travail, *sous* un fardeau (sens propre); on succombe *à* la peine, *à* la tentation (sens figuré).

XXXV. — TOMBER.

On dit *tomber par terre* en parlant d'une chose qui touche ou est censée toucher à la terre. L'homme ivre, le soldat blessé, l'enfant, un arbre tombe *par terre ;* mais un couvreur tombe du toit *à terre ;* un fruit trop mûr tombe *à terre.*

XXXIV. — VÉNÉNEUX, VENIMEUX.

Le premier se dit des plantes : *Cette herbe est* VÉNÉNEUSE. Le second se dit des animaux : *Les serpents en France sont très-peu* VENIMEUX.

ASPIRATION DE L'*H*.

—

Sont aspirés

Les mots commençant par

haï...
hal...
Excepté haleine, * halieutique, hallucination, * halo (hallali?)
han...
Excepté * bannicheur
hap...
har...
Excepté * hardilliers, harmonie et ses dérivés
hat...
hau...
hav...
tous les composés de *hiéra...*
hoc...
hou...
hu (non suivi de *m*)

Sont encore aspirés les mots suivants :

hache
hagard
hahé !
haquenée
haquet et ses dérivés
hasard et ses dérivés
hase
hé !
**heaume*
hêler
hem !
* *henné*
hennir
Henriade
hère
Hespérie
hêtre
heurt et ses dérivés
ho !
hobereau
hogue et ses dérivés
hola !
Hollande et ses dérivés
hongre et ses dérivés
Hongrie et ses dérivés
honnie
honte et ses dérivés
* *hoplite*
hoquet
horde

horion
hormis
hors
hotte et ses dérivés
hoyau

—

Sont muets

Les mots commençant par

hab...
Excepté *habeas corpus*
habler et ses dérivés
ham...
Excepté *hamac*, *hameau*, *hampe*
heb..., *hec...*, *hed...*, *heg...*, *hei...*, *hel...*
Excepté *héler*
tous les composés de *hema...* ou *hemo...*
tous les composés de *hémi...*
tous les composés de *hendeca.*
tous les composés de *hépa...*
tous les composés de *hepta...*
her...
Excepté *hernie* et ses dérivés, *héros*, (dont tous les dérivés sont muets), *héron*, *Herscheil*, *herse...*
tous les composés de *hétéro...*
tous les composés de *hexa...*
hi...
Excepté *hibou*, * *hic*, *hideur* et ses dérivés, *hie*, *hisser*.
hom...
Excepté *homard...*
hos...
hui...
hum...
Excepté *humer*, *humus...*
hy...

Sont encore muets les mots suivants :

* *hagiographe*
* *hagiologique*
hast et ses dérivés
* *hémérocalle*
* *hémérodrome*
hésitation
hespéris
heur
heure et ses dérivés
* *hogner*
hoir et ses dérivés
holocauste
* *holothuries*
* *houguette*

honnête et ses dérivés
honneur et ses dérivés
hôpital
horizon et ses dérivés
horloge et ses dérivés
* *horométrie*
horoscope
horreur et ses dérivés
hortensia
hortolage
hôte et ses dérivés
* *houache*
* *houary*

ERRATUM, page 33.

—

Rétablir ainsi qu'il suit les diverses significations du mot GARDE :

Masculin.	*Féminin.*
garde, celui qui fait la garde.	*garde*, action de garder, guet, protection, charge.

www.ingramcontent.com/pod-product-compliance
Lightning Source LLC
LaVergne TN
LVHW022016080426
835513LV00009B/751